D0772778

MOTOCICLETAS
MÁQUINAS DE VIAJE

Jason Cooper

Versión en español de Argentina Palacios

Rourke Enterprises, Inc.
Vero Beach, Florida 32964

FOTOS
© Lynn M. Stone: todas las fotos excepto la pág. 10;
© Jerry Hennen y la pág. 8, cortesía de Harley-Davidson, Inc.

AGRADECIMIENTOS
El autor desea expresar su agradecimiento a Pierce Harley-
Davidson, Dekalb, IL; Indian Motorcycle Supply, Inc., Sugar
Grove, IL; Illinois Kawasaki, Aurora, IL, por la ayuda prestada en
la preparación de las fotos para este libro.

LIBRARY OF CONGRESS
Library of Congress Cataloging-in-Publication Data
Cooper, Jason, 1942-
  [Motocicletas. Español]
  Motocicletas / por Jason Cooper.
  p. cm. — (Máquinas de viaje)
  Traducción de: Motorcycles.
  Incluye índice.
  Resumen: Examina la historia, variedades, aspectos de
seguridad y usos especiales de las motocicletas.
  ISBN 0-86592-508-9
  1. Motocicletas—Literatura juvenil.
  [1. Motocicletas. 2. Materiales en español.]
I. Título. II. Serie: Cooper, Jason, 1942-   Máquinas de viaje.
TL 440.15C6618   1991
629.227'5—dc20   91-11059
                CIP
                AC

ÍNDICE

MOTOCICLETAS

Las motocicletas son los vehículos de motor más pequeños pero hacen mucho ruido. Viajan por las carreteras con carros y camiones, aunque la más grande pesa sólo unas 900 libras, mucho menos que un carro pequeño.

Al igual que las bicicletas, las motocicletas tienen dos ruedas, pero en éstas, son más fuertes y más pesadas. Las motocicletas tienen también una **armazón** más resistente y un motor de gasolina. El motor se encuentra entre las dos ruedas y le permite a la motocicleta viajar a velocidad igual o mayor que la de un carro.

Bicicleta moderna

PARTES DE UNA MOTOCICLETA

Las motocicletas tienen **manillar,** como las bicicletas. El **motociclista** controla la velocidad con una **válvula de estrangulación** que hay en el puño acelerador. También tiene un freno de mano y un freno de pedal.

Las **horquillas,** montadas en dos tubos de acero que se pegan al armazón, mantienen la rueda delantera en su puesto.

Otras partes de la motocicleta son espejos retrovisores, tubo de escape, parabrisas y **arrancador de pedal.**

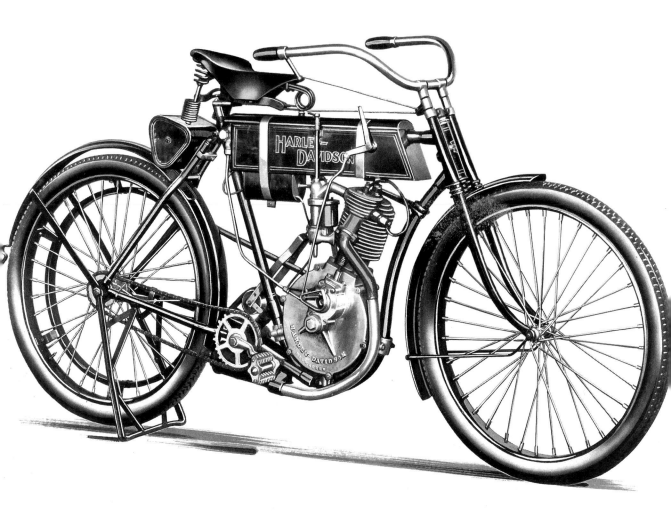

LAS PRIMERAS MOTOCICLETAS

En 1885, Gottlieb Daimler hizo la primera motocicleta en Alemania cuando le puso un motor a una armazón de biclicleta de madera.

Otros inventores hicieron experimentos con armazones y motores, pero la primera motocicleta realmente útil se hizo en Francia en 1897. Cuando empezó la I Guerra Mundial, la motocicleta hizo mucho del trabajo que antes hacían los caballos.

Después de 1918, al final de la guerra, las motocicletas se hicieron muy populares como medio de transporte fácil y barato.

Motocicleta Harley-Davidson de 1903

MOTOCICLETAS MODERNAS

El aspecto físico de la motocicleta, o moto, no ha cambiado mucho, pero las modernas son mucho más potentes y fáciles de guiar que las que les precedieron. Asimismo, son más cómodas y por lo general, funcionan bien.

Hoy en día, las compañías japonesas venden más de la mitad de las motocicletas en todo el mundo. El único fabricante que queda en los Estados Unidos es Harley-Davidson, en Milwaukee, Wisconsin. La Indian, una moto muy popular durante unos 50 años, se fue a la bancarrota en 1953.

Motocicleta Harley-Davidson de 1991

La última Indian, modelo de 1953

Arreglando una motocicleta Indian de 1941

VELOMOTORES

La mayor parte de las motocicletas se usan o en pistas de ladrillo o calles pavimentadas. Las que corren en pistas de ladrillo, o velomotores, son más livianas que las que corren por las calles.

Los velomotores pesan entre 100 y 225 libras y tienen llantas o neumáticos más angostos, de estrías más rugosas, que las de las calles. Muchos velomotores se usan para carreras de hasta 80 millas por hora.

"Velomotor" Kawasaki

MOTOCICLETAS CALLEJERAS

Las motocicletas callejeras son las que se hacen para andar por caminos pavimentados. Varían de tamaño, entre 250 y 900 libras, y las más grandes, las de paseo, pueden llevar dos pasajeros.

Las motocicletas de paseo pueden viajar grandes distancias y son cómodas porque tienen espaldar, radio y control de velocidad.

Varias clases de motocicletas están acondicionadas para reducir la fuerza del viento. Algunas de ellas pueden alcanzar casi 200 millas por hora.

"Moto callejera" Kawasaki

MOTOCICLETAS ESPECIALES

Ciertas motocicletas son para usos epeciales. Las hay que se pueden utilizar en calles de ciudad y fuera de calles. También las hay con tres ruedas y una especie de carrito pequeño abierto al costado que sirve para llevar equipaje o para que viaje otra persona.

Otras las modifican los dueños para que tengan el frente más largo, por ejemplo. Y aún otras son pequeñas motocicletas livianas.

Motocicleta para andar por caminos y fuera de caminos

SEGURIDAD PARA EL MOTOCICLISMO

El motociclismo puede ser peligroso y al mismo tiempo, divertido. Los motociclistas viajan a la misma velocidad de los automóviles en las carreteras, pero tienen muy poca protección.

La Motorcycle Safety Foundation, una fundación dedicada a la seguridad de los motociclistas, da clases para enseñar a guiar motocicletas y evitar problemas con otros vehículos.

Para protegerse, muchos motociclistas llevan cascos, **anteojos protectores,** chaquetas de cuero y botas.

Cascos y cuero para seguridad

LA MARAVILLA DE LAS MOTOCICLETAS

Los motociclistas se sienten libres cuando andan por la carretera. A los que prefieren los velomotores les atraen el **motocross** y el **enduro,** dos de los deportes más conocidos patrocinados por la American Motocyclist Association.

En una época, la gente compraba motocicletas porque eran un medio de transporte barato, pero ahora los motociclistas las compran por placer. ¿Hay mejor manera de probar el viento que rodar estrepitosamente por las ondulantes colinas?

GLOSARIO

anteojos protectores — gafas especiales que se usan para protección cuando se monta en motocicleta

armazón — una estructura; el cuerpo de la motocicleta antes de ponerle las llantas o neumáticos y el acabado

arrancador de pedal — una varilla de metal que mantiene a un vehículo de dos ruedas en posición vertical

enduro — carrera de motocicleta de larga distancia por terreno abierto, arbolado y empinado

horquillas — tubos de acero delanteros en una motocicleta que sostienen el manillar y mantienen la rueda delantera en su puesto

importado — algo que se trae a un país de otro país

motociclista — la persona que monta en motocicleta

motocross — carrera de motocicleta en una pista de ladrillo

válvula de estrangulación — un aparato que determina la velocidad de una motocicleta al controlar el flujo de gasolina

ÍNDICE ALFABÉTICO